INHALT

ALEXANDRA BORCHARDT

DAS INTERNET ZWISCHEN DIKTATUR UND ANARCHIE

Zehn Thesen zur Demokratisierung der digitalen Welt

Süddeutsche Zeitung Edition **Streitschrift**

© Süddeutsche Zeitung GmbH, München
für die Süddeutsche Zeitung Edition 2015

Projektleitung: Sabine Sternagel
Lektorat: Daniela Wilhelm-Bernstein
Art Director: Stefan Dimitrov
Innengestaltung: Sibylle Schug
Foto: Frank Bauer
Herstellung: Thekla Licht, Hermann Weixler
Druck- und Bindearbeiten: Westermann Druck Zwickau GmbH
Printed in Germany
ISBN: 978-3-86497-301-7

ALEXANDRA BORCHARDT

DAS INTERNET ZWISCHEN DIKTATUR UND ANARCHIE

Zehn Thesen zur Demokratisierung der digitalen Welt

Süddeutsche Zeitung Edition Streitschrift

Der süße Brei

Es mag untergegangen sein irgendwo zwischen Googles Größenwahn und Facebooks Fantasien, diversen *Shitstorms* und der Empörung über die NSA, aber so manch einer erinnert sich noch daran: Das Internet war einmal ein Versprechen. Es war das Versprechen der großen Freiheit. Es sollte die Freiheit nicht nur dorthin bringen, wo sie ohnehin schon reichlich vorhanden ist: zu denen, die Macht, Einfluss, Vermögen oder alles davon haben, oder zu denen, die sich unter dem Schutz der Bürgerrechte zumindest so frei bewegen können, wie es ihnen die Umstände erlauben.

Wie eine neue Stromleitung, die plötzlich Licht und Wärme in eine dunkle Hütte bringt, sollte das Internet auch jene an die Freiheit anschließen, die zuvor kaum darum kämpfen konnten. Menschen, denen Informationen, Wissen, Rechte und Geld fehlten, um ihre Bedürfnisse zu erkennen und auszudrücken. Ein paar Kabel, Funkwellen, ein kleines Smartphone sollten jeden Erdenbürger mit der Welt verbinden – grenzenlose Mitbestimmung, und das alles möglichst per Flatrate. Mehr Demokratie geht nicht, das dachte man.

Nicht umsonst redete man vom Frühling, als die Völker in der arabischen Welt aufbegehrten und die in der westlichen voller Zuversicht waren. Denn auch der Frühling ist ein Versprechen: Er verheißt den Sommer, der unabänderlich folgt, was weit mehr als eine schlichte Hoffnung ist.

Das Internet sollte einen Raum der Freiheit öffnen, eine Art Durchgangszimmer, durch das Ideen frei fließen können, in dem aber auch Begegnung möglich ist. Menschen sollten sich über diesen Raum die Welt erschließen können, zu anderen Kulturen Zugang finden, sich austauschen und auf diese Weise Übereinstimmung auf dem kleinsten gemeinsamen Nenner finden, der in Wahrheit ein so großer ist: Menschen- und Bürgerrechte.

Dass dieser Raum von jedem, der ihn aufsucht, von verschiedenen Richtungen aus betreten, genutzt und auch wieder verlassen werden kann, ist das Revolutionäre am Internet. Die Einbahnstraßen, auf denen die Mächtigen, die Wissenden, die Gebildeten ihre Botschaften an die anderen bringen konnten, bekamen plötzlich Gegenverkehr.

Es wäre Verblendung, das zu leugnen: Tatsächlich gibt es ihn heute, diesen Raum der Freiheit. Das Internet kann Menschen Macht verleihen, die sie zuvor nicht hatten. Jene, die man gerne „die kleinen Leute" nennt, müssen nicht länger Objekte sein. Was vorher nur über Massenorganisationen möglich war, Gewerkschaften, Parteien, Bürgerbewegungen, steht plötzlich jedem und jeder Einzelnen frei: Individuen können Massen mobilisieren, und auf diese Weise zu Handelnden werden. Sie können dem mächtigen Konzern sagen, wenn ihnen ein Produkt nicht gefällt, ein übersüßer Schokoladenriegel, ein Turnschuh voller Giftstoffe, ein verdrecktes Hotelzimmer. Sie können dem Staat sagen, wenn ihnen dessen Politik nicht passt, der Bau eines Großbahnhofs oder das bürokratische Gebaren gegenüber einem verzweifelten Flüchtlingsmädchen. Einzelne können mit ihren Ideen mächtig werden. Das ist die eine Seite.

Aber es gibt auch eine andere. Nach gut zwei Jahrzehnten Internet hat sich herausgestellt, dass die Freiheit nicht die einzige Bewohnerin ist, der das Durchgangszimmer nützt. Aus dem Raum der Freiheit wird zunehmend ein Raum der Unfreiheit.

Während sich die einen noch an Onlinepetitionen erfreuen, haben die anderen mithilfe des Internets mächtige Überwachungsapparate errichtet. Regierungen aller Schattierungen nutzen es als potentes Werkzeug, um Gegner aufzuspüren, Feinde zu orten, Propaganda zu verbreiten. Den Geheimdiensten dieser Welt ist das Netz, was den Seeräubern früherer Zeiten die Schatztruhe war. Konzerne flöhen das Netz nach Daten, um ihre Kunden zu durchschauen und neue aufzuspüren, um deren Schwächen in Geschäfte umzumünzen. Und Individuen nutzen das Netz, um sich dort mit Eigenschaften breitzumachen, die sie besser verbergen sollten. Sie pöbeln, hetzen, verbreiten Missgunst und pflegen Voyeurismus.

Bei Lichte betrachtet, erstaunt das nicht, denn das Dilemma mit der Freiheit war schon immer das: Die Freiheit des einen hört dort auf, wo sie mit der Freiheit des anderen kollidiert. Und wenn dieser andere stärker ist, kann es passieren, dass die Freiheit schrumpft statt zu wachsen. Das ist beim Streit zwischen Nachbarn am Gartenzaun nicht anders als beim Nichtraucherschutz oder der Kontroverse um das Tempolimit in Innenstädten oder auf Autobahnen: Wo der eine frei nach seinem Geschmack eine Hütte errichten, eine Zigarette rauchen oder mit dem Auto durch die Gegend brausen mag, fühlt sich der andere unfreier als zuvor, weil er einen Bretterverschlag, den Qualm oder Gefahr für seine Kinder dulden muss. Es ist nicht immer leicht zu ermitteln, wessen Freiheit mehr wiegt. Dies zu tun, ist Aufgabe der Demokratie.

Das Netz hat die Verhältnisse von Freiheit und Unfreiheit an allen Ecken in der Politik, Wirtschaft und Gesellschaft aus der Balance gebracht. Und noch ist nicht sicher, zu welcher Seite das Pendel ausschlagen wird. Denn das Internet macht nicht nur zuvor Unfreie mächtig, verleiht ihnen eine Stimme, das Potenzial, Gewicht zu entfalten. Es stärkt auch jene, die ohnehin schon mächtig waren. Es macht Reiche reicher und vorher schon Unfreie zu noch leichterer Beute. Das Internet bringt das Gute und das Schlechte im Menschen gleichermaßen hervor. Und manchmal scheint es so zu sein wie im Märchen der Brüder Grimm vom süßen Brei, der aus dem Topf quillt und schließlich die ganze Stadt verstopft mit etwas, das eigentlich Gutes tun, also Hunger stillen sollte. Ein Brei, der sich nicht mehr stoppen lässt, es sei denn durch einen Zauberspruch. Nur dass derzeit niemand diese magische Formel kennt.

Gut 20 Jahre nach der massenhaften Verbreitung des Internets geht es um die große Frage: Gilt in der digitalen Welt wieder einmal das Recht des Stärkeren allein? Gilt das Recht desjenigen, der mehr Macht, mehr Computerkraft, mehr Einflussmöglichkeiten hat oder vielleicht auch nur das Recht desjenigen, der kaltschnäuziger oder gemeiner ist? Wird der siegen, der die größte Datenfülle ansammeln und andere damit zum Objekt, zum Spielball machen kann? Oder schaffen wir es, als aufgeklärte, in Demokratie trainierte und von Werten durchtränkte Gesellschaft, die Möglichkeiten, die uns das Netz bietet, so zu kanalisieren, dass sie die Freiheit des Einzelnen maximieren und dabei die Ziele der Gemeinschaft nicht aus den Augen verlieren? Oder, um im Bild des Grimm'schen Märchens zu bleiben, schaffen wir es, genau so viel des süßen Breis zuzulassen, dass er uns sättigt, aber uns und unsere Nachbarn nicht erstickt?

Verkürzt könnte man so fragen: Schafft das Netz mehr oder weniger Demokratie? Aber das wäre eine Art Kapitulation. Denn damit gäbe man die Verantwortung für beides aus der Hand, die für das Netz und die für die Demokratie. Die Frage muss letztlich eine andere sein: Was wollen wir für ein Netz, und was wollen wir für eine Demokratie?

Denn tatsächlich ist das Netz zunächst einmal neutral. Es ist nicht mehr als Infrastruktur, wie ein Netz von Verkehrswegen, von Straßen, Brücken und Tunneln, die Reisen und Begegnungen möglich machen. Allerdings, und dieser Unterschied ist erheblich, kostet eine Reise auf den physischen Verkehrswegen sehr viel mehr als eine Reise im Internet und man muss sich besser darauf vorbereiten als auf einen Ausflug in die digitale Welt, wo ein einziger, gedankenlos getippter und in Sekundenbruchteilen in alle Welt verschickter *Tweet* schon Existenzen zerstören kann. Darüber hinaus ist der Verkehr auf den Straßen langsam gewachsen, das Straßennetz dazu, wogegen das Netz in kürzester Zeit die Welt umspannte – und seine Nutzer gleich mit.

Dennoch taugt das Bild. Denn so wie Verkehrswege Verkehrsregeln brauchen und eine Fahrerlaubnis, mit der man nachweist, dass man sich darauf einigermaßen anständig bewegen kann, braucht auch das Internet Regeln, möglicherweise auch eine Art Fahrerlaubnis und einen Souverän, der über die Einhaltung dieser Regeln wacht. Diese Regeln müssen erst entwickelt werden, wünschenswert wäre, dies geschähe auf demokratischem Wege.

Und da schließt sich die zweite Frage an, die noch schwieriger zu beantworten ist: Was wollen wir für eine Demokratie? Das Internet ist eine amerikanische Erfindung, seine wichtigsten Protagonisten sind amerikanische Konzerne. Und so ist es kein Wunder, dass auch das Konzept der Demokratie, das dahinter steckt, ein amerikanisches ist: Das Individuum darin ist stark, das Kollektiv schwach; ökonomische Interessen sind stark, staatliche schwach – es sei denn, es geht um die Landesverteidigung. Es ist deshalb nur natürlich, dass sich Google (alias *Alphabet*), Facebook und Co. als Transporteure demokratischer Prinzipien betrachten. Vermutlich benutzen sie das nicht nur als Verkaufsargument, sondern sie meinen es ernst. Aber ist das die Art Demokratie, auf die sich die ganze Welt verständigen will?

Wohl kaum. Denn Demokratie in Amerika kommt anders daher als Demokratie in Europa oder Südkorea. Die Arten, wie das Verhältnis zwischen Bürgern und Staat, wie die Repräsentation von Interessen, politische und ökonomische Mitbestimmung geregelt sind, wie Rechte vertreten und verteidigt werden, unterscheiden sich von Land zu Land. Es werden also viele Antworten gefunden werden müssen auf die Frage, was im Netz geht und was nicht.

Zehn Thesen zur Demokratisierung des Internets

Der große Arbeitsauftrag der kommenden Jahre wird sein: mithilfe des Netzes die Demokratie zu stärken. Denn sonst werden Bürger Getriebene: von mächtigen Staaten und Konzernen, die das Netz dafür nutzen, Regeln zu brechen, Rechte zu beugen und damit die Demokratie zu schwächen.

Noch kollidieren die Möglichkeiten des Netzes mit den Bedingungen der Demokratie, und dies nicht nur ein kleines bisschen, sondern an allen Ecken und Enden. Anhand von zehn Thesen wird dies im Folgenden dargestellt. Und weil Demokratie immer erst dann richtig lebt, wenn sie gestaltet, werden jeweils Ansätze dazu beschrieben, wie man diese Schwächen in den Griff bekommen könnte, ja muss.

Es geht darin letztlich immer um Freiheit auf der einen Seite und die Begrenzung der Freiheit auf der anderen, ohne die ein demokratisches Gemeinwesen nicht funktioniert. Und noch viel mehr: Ohne diese Begrenzung gibt es keine Menschenrechte. Von Freiheit allein zu reden, ist viel zu kurz gesprungen.

1. Das Netz schwächt Institutionen, aber die Demokratie braucht starke Institutionen.

Das Internet macht etwas möglich, das früher nicht unmöglich aber beschwerlicher war: Jeder kann, ohne nennenswerte Barriere und ungeprüft, Meinungen rund um die Welt schicken. Jeder Empfänger kann sie sich zu eigen machen, wenn sie ihm gefallen. Gerade schlichte Botschaften, vermeintlich einfache Lösungen, zuweilen auch nur der Scherz, bekommen auf diese Weise viel kommunikativen Schwung. Was sich auf die Länge eines *Hashtags* verkürzen lässt, hat höhere Chancen auf Popularität.

Dagegen haben es Institutionen jeglicher Art viel schwerer als früher, ihre Botschaften zu kontrollieren. Das gilt für Unternehmen, Politiker, Behörden, Ärzte, Lehrer und Journalisten, um nur ein paar zu nennen. Nun müssen sich auch die Mächtigen von denen bewerten lassen, die nichts dazu qualifiziert, außer dass sie eine Meinung, eine Erfahrung oder einfach nur „etwas gehört" haben. In einer offenen Gesellschaft kann sich dem kaum einer entziehen. Status, Titel, Bildung, Reputation – alles wird anfechtbarer.

Das ist natürlich gut, einerseits. Denn Mächtige, die ihre Macht ausnutzen oder gar missbrauchen, haben es nun viel schwerer als zuvor: die Sonnengötter in den Unternehmen, die Selbstgerechten unter den Professoren, die Geheimniskrämer unter den Politikern, die Dummköpfe unter den Beamten oder die Alleswisser unter den Journalisten. Firmen, die ihre Kunden auflaufen lassen, Sonntagsredner, die Fakten zu ihren Gunsten verdrehen oder Ärzte, die ihre Patienten ignorieren, laufen heute stärker als je zuvor Gefahr, entdeckt und ans Licht gezerrt zu werden. Ethan Zuckerman, Direktor des Center for Civic Media am amerikanischen MIT, betrachtet es als große Stärke der digitalen Welt, auch die mächtigste Institution infrage stellen zu können.

Andererseits birgt es Gefahren, wenn Autorität allzu leicht anfechtbar ist. Das Vertrauen in Institutionen leidet. Vor allem Politiker und Journalisten klagen über ein Glaubwürdigkeitsproblem, nur noch 40 Prozent der deutschen Bevölkerung vertrauen den Medien, hat eine Umfrage von Infratest dimap im Auftrag der Wochenzeitung *Die Zeit* ergeben. Dabei war und ist es eine wichtige Funktion von Journalisten, Anwalt der Menschen zu sein. Onlinepatientenforen machen Ärzten in der Diagnostik Konkurrenz, selbsternannte Experten jeglicher Fachrichtung sichern sich über das Netz Gefolgsleute für jede noch so krude Verschwörungstheorie. David hätte es heute von vornherein leichter als Goliath, denn wer groß und finanzschwer ist, gilt per se als verdächtig, korrumpiert, gekauft. In der Netzwelt wird dem Underdog applaudiert – es sei denn, Goliath kommt so lässig daher wie Facebook-Gründer Mark Zuckerberg oder Uber-Chef Trevor Kalanick.

Eine Ironie der Entwicklung ist, dass mittlerweile selbst Kundenbewertungen misstraut wird, die ursprünglich mehr Transparenz und Objektivität in die Qualität von Produkten oder Dienstleistungen bringen sollten. Fünf Sterne für das Hotel, das Werkzeug, die Kaffeemaschine – hat da nicht doch der Anbieter getrickst? Nur ein Stern für den Finanzberater – war da wohl die Konkurrenz im Spiel? Vertrauen ist gut, Zweifel ist besser.

So sehr die Frage nach den Interessen immer wieder gestellt werden muss – die Politikwissenschaft gründet darauf –, so sehr lebt Demokratie von Vertrauen. Vor allem aber braucht sie starke Institutionen: lebendige Parlamente, eine unabhängige, nach Wahrheit strebende Justiz, Regierungen und ihre Behörden, also eine starke Exekutive, eine selbstbestimmte Presse.

Gerade in Krisensituationen sind sie unverzichtbar. Man denke an die Eurokrise, den Kampf gegen den Islamischen Staat, den Ausbruch von bedrohlichen Seuchen wie Ebola: Wie sollten sich Menschen noch sicher fühlen, wenn sie sich in gefährlichen Lagen nicht starken Institutionen anvertrauen könnten, die keine Scheu vor komplexen Aufgaben haben? Schließlich ringen deren Protagonisten im Zweifel rund um die Uhr um Lösungen, während sich der Internet-Bewerter und -Bemeiner längst zum nächsten Thema weitergeklickt hat. An den Staaten des einstigen Arabischen Frühlings sieht man in verschiedenen Schattierungen, was geschehen kann, wenn die nach Freiheit strebende Massenbewegung auf schwache oder fehlende Institutionen trifft.

Es höhlt Institutionen aus, wenn sie permanent infrage gestellt, ihre Vertreter für dumm erklärt werden. Warum sollen sich die Besten und Klügsten ihrer Jahrgänge bei großen Organisationen verdingen, wenn sie sich dort permanent gegen Anfeindungen wehren müssen? Wo sie doch gleichzeitig mit einer smarten Idee in der Netzwirtschaft ein Vielfaches an Geld verdienen könnten. Wenn aber der Glaube an Institutionen und deren Legitimität versiegt, was wird an deren Stelle treten? Denn Institutionen bündeln und tragen Verantwortung, anders als der einzelne Bürger, der heute gegen das eine protestiert, morgen das andere beklagt und sich übermorgen ganz heraushält.

Das heißt nicht, dass die Institutionen so bleiben sollten, wie sie sind. Auch und gerade Institutionen missbrauchen Macht, manchmal sind sie das Problem, nicht die Lösung. Die Möglichkeiten des Internets eröffnen zum Beispiel auch den Geheimdiensten nahezu unbegrenzte Möglichkeiten, Daten zu sammeln, auszuwerten und gegen Bürger einzusetzen. Aber gerade deshalb gilt: Jede Behörde, jede Partei, jedes Unternehmen, jede Bürgerinitiative und jede Gewerkschaft muss sich mit der digitalen Welt und den gesellschaftlichen Entwicklungen beschäftigen, die damit einhergehen. Und jede einzelne muss ihre Antwort darauf finden.

Da ist zunächst der Trend zur Individualisierung. „Es geht um mich" – das ist ein Mantra in der digitalen Welt. Wer in einem Umfeld, in dem sich jeder alles nach seinen Vorlieben gestalten kann, noch Service von der Stange bietet oder Parteidisziplin alter Prägung erwartet, wird sich irgendwann aus dem Rennen katapultieren. Die politische Partei zum Beispiel muss ihre einzelnen Mitglieder genauso ernst nehmen wie die Ärztin die Selbstdiagnose ihrer Patientin aus dem Internet oder der Zeitungsredakteur die Wünsche seiner Leser. Die Gewerkschaften müssen sich für die Interessen der Einzelkämpfer stark machen. Auch *Clickworker,* die Auftragsarbeiten übernehmen, sind potenzielle Mitglieder.

Moderne Institutionen schöpfen aus dem Wissen ihrer Kunden und Mitglieder, sie dienen ihnen und sperren sie nicht aus. Und sie tun das, ohne ihren Stolz und ihre Werte aufzugeben – ihren Markenkern, wie man so schön sagt. Für manch einen hat es der Griechenland-Krise bedurft, um sich daran zu erfreuen, dass es so etwas wie funktionierende Finanzämter gibt.

Institutionen müssen außerdem einen weiteren Trend der digitalen Welt kennen: den zur Mobilisierung. „Ich habe eine Meinung, und ich äußere sie", sagen die Bürger. Institutionen sollten also Transparenz praktizieren und mit Fehlern offen umgehen. Alles andere wird ihnen nichts nutzen. Sie sollten ihre Kunden, Wähler, Mitarbeiter oder Mitglieder mitbestimmen lassen. Und natürlich können und müssen auch sie das Netz nutzen, um Menschen für ihre Zwecke zu mobilisieren.

Ein anderer Trend ist die Simplifizierung. Die Welt der Apps, der einfachen globalen Verbreitung von Inhalten hat die Erwartungshaltung der Bürger neu geprägt. Der Kunde will alles möglichst bequem und möglichst sofort haben. Wer den Einkauf mit einem Klick kennt, möchte die Auskunft, die Beratung oder wenigstens die Kontaktaufnahme mit ein paar Klicks nicht missen, egal mit welcher Institution er es zu tun hat.

Institutionen, die sich für die digitale Welt reformieren, könnten hinterher stärker dastehen als zuvor. Dies würde der Demokratie dienen. Denn es gibt einen weiteren Trend, dessen Bedeutung in der Flut der Angebote und Ablenkungen zunehmen wird: das Bedürfnis nach Orientierung. Nur starke Institutionen mit demokratischen Werten werden in der Lage sein, den Bürgern Werte zu vermitteln und eine Richtung aufzuzeigen, in die es sich gemeinsam zu gehen lohnt. Im großen Meer der Möglichkeiten kann der Einzelne rasch untergehen.

Manchmal muss man Bürger vor Institutionen schützen. Die von Laien gedrehten Videos zur Polizeigewalt in den USA sind nur ein kleines Beispiel dafür, wie neue Technologien die Willkür der Staatsgewalt zumindest ans Licht bringen können. Aber es wird auch immer wichtiger, die Institutionen vor den Bürgern zu schützen.

2. Im Netz gilt das Recht der Vielen, Menschenrechte sind die Rechte der Schwachen. Zur Demokratie gehört der Rechtsstaat, der schützt die Rechte der Schwachen.

Man kennt das vom Einkauf bei Amazon, von der Recherche im Reiseportal, vielleicht von der Bewertungswebsite für Ärzte. Werden Meinungen im Netz gepostet, entwickelt sich oft ein Verstärker-Effekt. Das heißt: Wenn viele etwas mögen, finden es bald noch mehr Leute gut, der Topseller wird von immer mehr Kunden gekauft. *Blockbuster-Effekt* nennt das die Harvard-Professorin Anita Elberse, die in einem Buch mit diesem Titel nachgewiesen hat, wie sich die Investitionen in wenige Produkte lohnen. Nun ist der Blockbuster-Effekt in der Entertainment- und Sportbranche, den Elberse untersucht hat, ein anderer als jener, der täglich auf den Websites stattfindet. Dennoch bilden sich im Netz auf ähnliche Weise Schwärme. Wenn Meinungsführer mit vielen *Followern* und Freunden etwas posten oder unterstützen *(liken),* steigt die statistische Wahrscheinlichkeit, dass andere das auch tun. Als Journalist sieht man das, wenn viel gelesene Geschichten auf der Website zunehmend Abnehmer finden, weil sie ganz oben stehen und dadurch stärker ins Auge fallen.

Das ist vertretbar, wenn es um T-Shirts, Lautsprecher oder Hotels geht, aber nicht akzeptabel, wenn es Menschen betrifft. Die Dynamik eines Shitstorms haben viele schon erlebt, die Bundeskanzlerin eingeschlossen. Im Idealfall zieht so ein Pöbelgewitter tatsächlich vorüber wie ein Unwetter. Aber es hinterlässt oft Spuren bei den Google-Suchanfragen. Das ist ganz besonders tragisch, wenn jemand zu Unrecht verdächtigt wird. Schnell ist er oder sie auf Dauer gebrandmarkt. Selbst wenn jemand tatsächlich einen dummen Fehler gemacht hat, steht der Ansehensverlust oft in keinem Verhältnis dazu. Der Schwarm urteilt gnadenlos, das Urteil bleibt haften.

Schlechte Bewertungen können wirtschaftliche und gesellschaftliche Existenzen ruinieren. Ein flapsiger Kommentar auf Twitter hat schon so manchen seine Karriere gekostet. Und es geht noch dramatischer. Wegen Mobbing im Netz haben sich schon viele Jugendliche das Leben genommen. Junge Frauen sind besonders häufig das Ziel von Attacken. Auch im Offline-Leben geht Mobbing zuweilen tragisch aus, aber in der Online-Welt funktioniert Verbreitung viral, und die Kommentare bleiben kleben. Damit verbreitet sich die Basis der Täter immens, den Opfern wird die Chance auf das Vergessen genommen. Institutionen, die sich mit Cybermobbing befassen, sprechen deshalb von einer anderen Qualität des Psychokriegs. Im Netz gibt es viele Richter, viele Verurteilte, Resozialisierung ist schwer. Die Menschenwürde ist leicht antastbar.

Mit dem Rechtsstaat verträgt sich das nicht. Er schützt die Unbequemen, die Verbrecher, sogar den Mörder. Er schützt die Würde des Menschen, jeder sollte gleich sein vor dem Gesetz. Jeder hat das Recht auf einen fairen Prozess und nach dem Urteil das Recht auf Verbüßen der Strafe, auf Resozialisierung. Ein unabhängiger Rechtsstaat gehört zum Kern der Demokratie, deren Grundprinzip die Gewaltenteilung ist. Im Netz gibt es diese Gewaltenteilung nicht. Es gibt keine unabhängigen Instanzen, die Urteile oder Bewertungen schnell genug überprüfen. Gesagt, gepostet, getan ist eines der Grundprinzipien der digitalen Welt.

Natürlich gelten dort die gleichen Gesetze wie in der Offline-Welt. Eine eigene Gerichtsbarkeit für das Netz würde keinen Sinn machen. Wer jemanden online mit dem Tode bedroht, und sei es auch nur mit einem Tweet, kann und muss dafür in der realen Welt zur Rechenschaft gezogen werden. Wer ein Produkt im Internet zu Unrecht schlecht bewertet, muss sich dafür verantworten, wenn es zum Prozess kommt.

Allerdings haben Strafverfolgungsbehörden und Gesetzgeber Mühe, mit der Geschwindigkeit mitzuhalten, in der sich die Netzwelt entwickelt. Reicht das bestehende Strafrecht, oder muss ein spezielles her? Über diese Frage wird nicht nur auf Podien gestritten. Und welche Rollen spielen Konzerne wie Google oder Facebook, auf deren Plattformen sich Ankläger und Gegenkläger tummeln, bevor der Staat einschreiten kann? Können sie ihre Hände in Unschuld waschen oder müssen sie einschreiten, weil nur sie die technischen Mittel dazu haben?

Die Internetkonzerne tun das übrigens zunehmend, was ebenfalls umstritten ist. Wohl niemand würde protestieren, wenn Google, Eigentümerin des Filmkanals Youtube, prompt Videos entfernt, auf denen der IS die Enthauptung von Geiseln zeigt. Aber wie sieht das mit Bildern von nackten Menschen aus, solchen auf Kunstwerken gar? Darf sich ein privatwirtschaftliches Unternehmen mithilfe spezieller Algorithmen zum Richter, zum Zensor aufschwingen, wenn es doch an vielen Stellen um die Freiheit von Kunst und Meinungsäußerung geht?

Hier müssen staatliche und private Akteure eng zusammenarbeiten. Die Konzerne müssen den demokratischen Institutionen dabei helfen, die Möglichkeiten und Entwicklungen des Internets zu begreifen. Gesetz und Recht müssen dem angepasst, Justiz und Polizei entsprechend geschult werden. Gesellschaften müssen entscheiden, was akzeptable, zu ächtende und verbotene Inhalte sind und wie man damit verfährt. Jede demokratische Gemeinschaft muss die für sie passenden Freiheitsrechte definieren.

Und natürlich werden Regeln für das Verhalten im Netz gebraucht, die schon Kinder lernen – so wie es Verkehrsregeln auf den Straßen gibt und man einen Führerschein machen muss, bevor man fahren darf. Die Hoffnung der Unternehmen ist, dass die Nutzer sich gegenseitig kontrollieren, bei Twitter zum Beispiel kann man Netzpöbelei melden. Aber wer sagt, dass derjenige, der einen anderen anschwärzt, damit nicht eigene Interessen verfolgt, jemandem schaden oder einen Konkurrenten ausschalten will? Es ist schwer, den Missbrauch von Regeln im Netz zu sanktionieren. Denn eine Netzpolizei möchte vermutlich niemand installieren.

Natürlich können auch die Konzerne etwas tun. Sie können dafür sorgen, dass Bewertungen irgendwann verfallen, Beschimpfungen nicht mehr aufzufinden sind. Jeder muss das Recht auf eine zweite Chance bekommen. Und beim Programmieren könnten sie potenziellen Missbrauch mitdenken, so wie sie heute schon Dummheit und Anwendungsfehler einkalkulieren. So könnte es bei Einträgen mit bestimmten Schlüsselwörtern eine Art Warnung geben, ähnlich jener bei Textverarbeitungsprogrammen. Statt „Wollen Sie diesen Text wirklich löschen?" könnte dann erscheinen: „Wollen Sie diesen Tweet wirklich posten?".

Mag sein, dass dies den einen oder die andere zur Besinnung bringt. Wer böse Absichten hat, wird sie dann immer noch verwirklichen können, aber zumindest Gedankenlosigkeit ließe sich so bekämpfen. Wie in vielen Bereichen des

Lebens muss man sich jedoch letztlich auch im Netz darauf verlassen können, dass sich die allermeisten Nutzer einigermaßen fair verhalten. Die anderen müssen zu spüren bekommen, dass ihr Handeln Konsequenzen hat.

3. Das Netz macht es leicht, Regeln zu umgehen. Aber Demokratie lebt von Regeln. Regulierung ist Demokratie.

Natürlich kann man auf all das schimpfen: genervte Taxifahrer, die nie Kreditkarten nehmen, die mächtige Hotellobby, unzugängliche Behörden mit unverständlichen Vorschriften. Und als die ersten Unternehmen der sogenannten *Sharing Economy* auf den Markt kamen, galten sie als cool. Über *Airbnb* seine Wohnung vermieten oder umgekehrt für ein paar Wochen ein erschwingliches Apartment in New York finden, statt eines Taxis den Fahrdienst *Uber* nutzen, das war mehr als nur praktisch. Das war, so vermittelten es die Startup-Firmen aus dem Silicon Valley, ein Aufstand gegen die Mächtigen, die Konzerne und Behörden mit ihrer Unzahl an Regeln, Eintrittsbarrieren und Hierarchien. Mittlerweile sind einige der Underdogs allerdings selbst zu milliardenschweren Unternehmen geworden. Und recht schnell hat sich gezeigt, dass das über Plattform-Dienste im Netz vermittelte Tauschen und Teilen nicht überall das kuschelige Ökokonzept ist, als das es seine Anbieter verkaufen wollen.

Die Sharing Economy ist auch deshalb wirtschaftlich so erfolgreich, weil sie auf Ausbeutung und Regelbruch setzt.

Mühsam erkämpfte Standards der Sozialversicherung und des Umweltschutzes werden ausgehebelt. Es profitieren die Wenigen, die zur rechten Zeit die passende Idee hatten. „Share-The-Craps-Economy" nennt sie der Berkeley-Professor Robert Reich. Unter US-Präsident Bill Clinton war Reich Arbeitsminister, und was ihn vor allem aufregt an der neuen Plattform-Wirtschaft, ist die Erosion fester Arbeitsverhältnisse. Sie machen zunehmend fein parzellierter Auftragsarbeit Platz. Das sind Jobs im Häppchenformat, die von sogenannten *Clickworkern* oder *Crowdworkern* erledigt werden. Bei Anbietern wie *Amazon Mechanical Turk* wird exakt für das bezahlt, was abgeliefert wird. Standards zur guten Arbeit, die von Gewerkschaften über Jahrzehnte erkämpft worden sind, verlieren ihren Wert. Es gibt keine Sozialversicherungspflicht, keine Altersvorsorge, keinen Ausfallschutz bei Krankheit.

In dieser neuen Wirtschaft übernimmt so manch einer Aufgaben sogar ohne Entlohnung, vielleicht weil die Arbeit Spaß macht oder dem Ego gut tut, weil man auf den Lohn gar nicht angewiesen ist und nur ein wenig Abwechslung sucht. „Amazonisierung der Arbeitswelt" sagt IG-Metall-Vorständin Christiane Benner dazu. Ihr fällt dazu das Bild des Einkaufswagens im Amazon-Shop ein: Der Mensch wird reingepackt, und wenn man ihn nicht mehr braucht, fällt er eben wieder heraus.

So sehr man die eine oder andere Regel auch verfluchen mag: Regeln sind ein Produkt der Demokratie. Gesellschaften bringen ihre Repräsentanten dazu, ein bestimmtes Benehmen zu fördern, ein anderes zu sanktionieren. Umweltstandards, Mindestlöhne, Arbeitsschutz – für all dies gehen Menschen an die Wahlurne und machen ihr Kreuz bei jener Partei oder der Kandidatin, die ihnen das gewünschte Maß davon am ehesten zu garantieren scheint. Starker oder schwacher Staat, viel oder wenig Regulierung – genau an diesen Punkten differenzieren sich die politischen Parteien besonders stark, unterscheiden sich die Philosophien in den demokratischen Staaten. Natürlich könnte man sich auch auf ein regelarmes Gesellschaftskonzept verständigen. Nur muss man wissen, dass so eine Gesellschaft besonders viele Verlierer produziert. Die Kosten dieser Ungleichheit tragen dann alle, bis hin zu künftigen Generationen.

Tatsächlich ist die erste Euphorie zur Tausch- und Teilwirtschaft sogar in Amerika verflogen, Demokraten allerorten sind alarmiert. Nicht nur europäische Städte wie Berlin und Barcelona schränken zum Beispiel das Vermieten von Apartments über Airbnb ein, selbst Santa Monica in Südkalifornien hat Restriktionen erlassen, um zu verhindern, dass regulärer Wohnraum verloren geht, weil Immobilienbesitzer über den Plattform-Dienst mehr Geld aus ein paar Zimmern herausholen können.

Ebenfalls in Kalifornien gehen Gerichte auch gegen den Fahrdienst Uber vor. Es geht darum, ob der Anbieter ein Arbeitgeber im regulären Sinne ist und seine Beschäftigten Angestellte mit allen Rechten und Pflichten sind. Würde sich diese Auffassung durchsetzen, könnte das die Sharing Economy grundlegend verändern.

In Deutschland hat sich die IG Metall dem Thema Clickworker angenommen. Auf ihrer Plattform *faircrowdwork.org* können Beschäftigte Beratung finden und Anbieter bewerten. Die Organisation ist sogar mit Arbeitsrechtlern in den

USA und Asien im Gespräch, um international Druck auszu-
üben. Für Deutschland, so stellt sich das Christiane Benner
aus dem Vorstand vor, soll es irgendwann einen Mindestlohn
für Clickworker geben.

Natürlich muss man nicht die gesamte Tausch- und Teilwirtschaft verdammen und verbieten. Fairer Wettbewerb
ist gesund und wichtig für jede Marktwirtschaft. Und es
gibt Nischen, wie zum Beispiel Plattform-Angebote für die
Betreuung von Haustieren, in denen es bislang überhaupt
kein reguläres Geschäftsmodell gibt und die so manch einem hochwillkommen sind. Allerdings sollten die einzelnen
Angebote auf ihre sozialen Folgen hin abgeklopft werden,
zumindest dann, wenn sie eine bestimmte Größe erreichen.
Airbnb zum Beispiel konkurriert nicht nur mit Hotels und
Pensionen, es verändert auch Immobilienmärkte und Stadt-
bilder.

Bei einem grundsätzlichen Blick auf die Sharing Economy stellt sich allerdings noch eine andere Frage: Ist eine
Gesellschaft erstrebenswert, in der noch die kleinste freie
Kapazität vermarktet und zu Geld gemacht wird? Eine Gesellschaft, in der alles dem Diktat der Ökonomie unter-
worfen ist, von der Vorlesestunde für Kleinkinder über das
Ausführen von Hunden bis hin zum Verleih der Bohrma-
schine? Das kann man Geschäftstüchtigkeit nennen. Aber
eine demokratische Gesellschaft lebt auch vom ehrenamtli-
chen Engagement, von Mitgefühl und Taten, für die es keine
materiellen Gegenleistungen gibt. Umverteilung im Sinne
sozialer Gerechtigkeit findet nicht nur über das Finanzamt
statt sondern auch dadurch, dass der, der viel hat, auch mehr
abgibt, seien es Geld, Gegenstände oder auch Zeit. Und noch

etwas kommt hinzu: Nur die Habenden können Besitztümer teilen. Wenn sie dafür auch noch Geld verlangen, haben sie am Ende immer mehr.

4. Das Netz begünstigt die Genialen, die Rücksichtslosen, die Privilegierten. Demokratie begünstigt die Mittelschicht.

Natürlich lieben alle diese Erfolgsgeschichten. Jene der Garagenbastler, der jungen Männer, die durch eine geniale Idee Milliardäre werden (und es sind fast immer junge Männer). Oder ganz besonders jene Anekdoten über Heldinnen wie die junge Schottin Martha Payne, die so lange über ihr schlechtes Schulessen gebloggt hatte, bis daraus eine nationale Gesundheitskampagne wurde. Die zu Beginn der Aktion Neunjährige erlangte damit so viel Popularität, dass sie auch noch für ein Hungerhilfsprojekt Geld eintreiben konnte – wieviel Anteil ihr Vater an den Aktivitäten hatte, sei mal dahingestellt.

In diesen Tagen kann jeder, der eine geniale Geschäftsidee hat und ein paar Kumpels findet, die programmieren können, ein Plattform-Geschäft entwickeln und mit etwas Glück reich damit werden. Kapitalintensive Investitionen in Maschinen und Fabriken sind dafür nicht nötig. Fragt man die Protagonisten des Silicon Valley und ihre Freunde, nennen sie das Demokratisierung: Es zählen nicht länger Privilegien, Herkunft und Erbhöfe, allein auf Genialität kommt es an.

Wunderkinder haben es heute leichter, gehört und gefunden zu werden, das ist sicher. Aber so manch ein Silicon-

Valley-Geek ist gar kein Wunderkind, sondern vielleicht nur etwas skrupelloser als andere. Und viele Absolventen der Kaderschmieden in der Bay Area kommen aus privilegierten Elternhäusern, die ihnen eine solche Bildung erst möglich gemacht haben. Die fröhlichen Geschichten vom vielfachen Scheitern lassen sich eben leichteren Herzens erzählen, wenn man sich im heimischen, weichen Bett davon erholen kann.

Der Brite Andrew Keen, selbst im Silicon Valley beruflich groß geworden, beschreibt in seinem Buch „The Internet is not the Answer" anschaulich, wie das Netz eine *Winner-Take-All-Economy* begünstigt. Die Reichen werden immer reicher, die Plutokratie kehrt zurück. Willkommen in der Welt der privaten Clubs, der Helikopter, der Milliardärspartys rund um San Francisco. Die anderen müssen sehen, wo sie bleiben. Diese Wirtschaft sei geformt wie ein *Doughnut,* schreibt Keen: Die Mitte fehle. Viele Fachkräfte, die in der Industriegesellschaft gut von ihrer Arbeit leben konnten, die durch Tarifverträge geschützt und gut bezahlt wurden, werden nicht mehr gebraucht. Keen rechnet das anhand von ein paar Beispielen vor: Das soziale Fotonetzwerk Instagram habe 13 Vollzeit-Beschäftigte gehabt, als es für eine Milliarde Dollar an Facebook verkauft wurde; Kodak, das große Fotounternehmen, habe etwa zur gleichen Zeit 13 Fabriken geschlossen und 47000 Mitarbeiter entlassen. Airbnb sei 2014 mit 700 Beschäftigten an der Börse halb so viel wert gewesen wie die Hilton-Hotelkette mit 152000 Mitarbeitern. In der Musikindustrie, den Medien, überall vernichteten Plattform-Geschäfte Jobs.

Die Netzwirtschaft sei skrupelloser Radikalkapitalismus, sagen auch andere Kritiker, wie der schon zitierte Robert

Reich. Ihr Prinzip wird in der Szene passend *Kill the Middleman* genannt – der Mittler wird nicht mehr gebraucht. Das sind schlechte Nachrichten für eine Vielzahl von Beschäftigtengruppen: für Bankangestellte, Reisebüromitarbeiter, Verkäufer, letztlich für alle, die irgendwo als Bindeglied zwischen Produzent und Kunde, überhaupt als Dienstleister arbeiten. Man könnte auch sagen: *Kill the middle class.*

Nimmt man noch den prognostizierten Wegfall von Arbeitsplätzen durch Roboter und die Industrie 4.0 dazu, ergibt sich für viele Forscher ein sehr düsteres Bild. 47 Prozent aller Arbeitsplätze in den USA seien in den kommenden zwei Jahrzehnten von Automatisierung bedroht, schreiben die Oxford-Wissenschaftler Carl Benedikt Frey und Michael A. Osborne in „The Future of Employment". Nun sind diese Prognosen genau das: Prognosen. Niemand kann voraussehen, wie sich die Wirtschaft tatsächlich entwickelt, ob die neuen Möglichkeiten nicht auch zu neuen Beschäftigungsmöglichkeiten werden, wie es die Optimisten vermuten. Allerdings äußern sich selbst Erik Brynjolfsson und Andrew McAfee, Autoren des eher der Technik zugewandten Buchs „The Second Machine Age" skeptisch, was die Zukunft der Mittelschicht angeht.

Der US-Soziologe Jeremy Rifkin kehrt die Entwicklung zwar ins Positive, schafft das aber nur, indem er den Sinn der Lohnarbeit als solches anzweifelt. Geld sei künftig nicht mehr so wichtig, argumentiert er in seinem Buch „The Zero Marginal Cost Society". Denn dank der Plattform-Ökonomie sinken die Grenzkosten gegen null; viele Dienstleistungen werde es also kostenlos geben. Das kapitalistische, auf Wachstum fixierte System könnte deshalb von einem der *Collaborative Commons* abgelöst werden, ein Konzept, das sich mit Gemeinwirtschaft nur unzureichend übersetzen lässt. Allerdings funktioniert das Rifkin'sche Modell nur mit einer allgemeinen Lohnleistung, die man in Deutschland unter dem Begriff bedingungsloses Grundeinkommen diskutiert.

Ob die Produktivitätsfortschritte der Web-Wirtschaft Arbeitsplätze vernichten oder verlagern, wird man in ein paar Jahren und Jahrzehnten wissen. Aber schon jetzt gibt es einen starken Trend: Arbeiten, für die früher Fachleute gut bezahlt wurden, übernehmen heute Laien – für umsonst. Menschen schreiben Blogs, posten Fotos und Rezepte, redigieren Lexikoneinträge und beraten andere über das Netz. Klar, das kann man auch selbstloses Engagement nennen. Und natürlich sollten Nutzer den Unterschied kennen zwischen dem medizinischen Tipp eines Gelegenheitsheilers und dem Rat eines Arztes, der immerhin ein paar Jahre dafür studiert hat. Dennoch sinkt der Bedarf an Arbeitskräften. Wer früher seinen Lebensunterhalt mit einer simplen Ausbildung bestreiten konnte, wird sich künftig stärker qualifizieren müssen, wenn er noch gefragt sein will.

Erodiert aber die Mittelschicht, ist das ein ernstes Problem für die Demokratie. Denn jemand, der ein sicheres Einkommen hat, ist üblicherweise auch der beste Demokrat. Wer sich nicht mit der Frage beschäftigen muss, wo das Geld für die übernächste Miete oder die neuen Turnschuhe für die Kinder herkommen könnte, hat Luft – gedanklich und zeitlich. Sie oder er kann sich für die Gemeinschaft engagieren, ob in der Politik oder in der Nachbarschaftshilfe, und ist weniger anfällig für radikale Ideen als jene, die nichts zu verlieren haben. Eine starke Mittelschicht trägt die Demokratie.

Natürlich kann jeder einzelne Bürger den Wert von Arbeit anerkennen, indem er zum Portemonnaie greift: für Bücher und Musik bezahlen, statt Raubkopien kaufen, die Beratung im Sportgeschäft oder Reisebüro honorieren, statt im Onlinehandel zu bestellen, was man vorher im Laden anprobiert hat. Und sich immer wieder klarmachen, dass jeder durch seinen Konsum, sein Verhalten zu einer gesunden Wirtschaft beiträgt. Idealistisch? Natürlich. Aber aus Idealismus speisen sich ganze Wirtschaftszweige.

Niemand wird die Welt im Alleingang verändern. Deshalb sind starke Institutionen gefragt wie eh und je: Schulen und Universitäten müssen Kinder und junge Leute so gut es geht auf den sich wandelnden Arbeitsmarkt vorbereiten. Unternehmen und Gewerkschaften können Beschäftigte weiter qualifizieren. Der Gesetzgeber kann und muss die Rahmenbedingungen für würdige Arbeitsverhältnisse schaffen.

Insbesondere müssen aber auch die milliardenschweren Firmen im Silicon Valley Verantwortung übernehmen, die Erfinder und Entwickler der Plattform-Ökonomie und aller ihrer Varianten. Der *Economist* vom 25. Juli 2015 kommentiert das in seiner Titelgeschichte „Empire of the Geeks" so: „Selbst private Unternehmen, die von Genies geführt werden, brauchen eine Lizenz der Gesellschaft, um zu arbeiten."

5. Die starken Akteure im Netz sind Konzerne. Die starken Akteure in der Demokratie sind von den Bürgern gewählt.

In der Demokratie muss der Staat die Nummer eins sein – als Vertreter des Volkes. Alle Akteure aus Gesellschaft und Wirtschaft müssen sich nach den Gesetzen und Regeln richten, die von demokratisch gewählten Parlamenten verabschiedet werden. Global operierende Konzerne müssen sich überall auf der Welt nationalen Gepflogenheiten und Gesetzen beugen. Was geschieht aber, wenn Konzerne viel mächtiger und schneller sind als Staaten? Wenn sie über Technologien, Daten und Fähigkeiten verfügen, die Staaten kaum zur Verfügung stehen?

Die mächtigen Akteure der digitalen Welt, die das Leben der Menschen zunehmend bestimmen, sind allesamt privat und überwiegend amerikanisch: Da ist Google, das sich seit dem Sommer 2015 Alphabet nennt und das Leben von A bis Z durchdringen will. Da ist Facebook, das alle Menschen in sein Netz ziehen möchte, Apple, dessen Standards sich alle unterwerfen sollen und schließlich Amazon, bei dem man nicht nur kauft, sondern an das man sich auch verkaufen kann. Sie alle haben – zumindest theoretisch – einen umfassenden Zugriff auf die Daten ihrer Nutzer und können diese weitergeben. Sie können deren Lebensgewohnheiten, Vorlieben, Bewegungsprofile nachzeichnen, auch wenn sie gerne versichern, dies nicht zu tun. Oder zumindest nicht alles davon zu tun, selbst wenn es die allgemeinen Geschäftsbedingungen gestatten würden, deren Lektüre man immer so leichtfertig bestätigt.

Die Repräsentanten dieser Konzerne sind nicht gewählt. Ihre Entwicklungen sind technologiegetrieben, nicht politikgetrieben. Ingenieure entscheiden, was möglich ist, und Ingenieure folgen einer besonderen Logik: Sie streben das technologisch beste Produkt an, nicht das Produkt, das zum Beispiel die Persönlichkeitsrechte am ehesten bewahrt. *Privacy by design* – Anwendungen so programmieren, dass sie die Daten der Kunden schützen – ist für Entwickler bislang keine Priorität gewesen. Das mag sich ändern, wenn Hacker noch öfter demonstrieren, dass man sich unkompliziert in selbstfahrende Autos oder andere potenziell gefährliche Maschinen einschalten kann, die Attacke auf das Computernetzwerk des Bundestages im Frühsommer 2015 mag dagegen harmlos gewesen sein.

Aber zu viel Privatheit ist den meisten Internetunternehmen bislang gar nicht recht gewesen. Denn natürlich sind gerade Daten die Währung, mit der in der digitalen Welt gezahlt wird. „Kostenlose Onlinedienste sind in Wahrheit nicht kostenlos", sagt der Philosoph Luciano Floridi vom Oxford Internet Institute. Die Spuren in der digitalen Welt können die Nutzer auch noch dann teuer zu stehen kommen, wenn sie gar nicht mehr damit rechnen. Wenn sie zum Beispiel eine Versicherung abschließen wollen und man ihnen Interesse an riskanten Sportarten nachweisen kann. Wenn sie sich um einen Job bewerben und ein Computer sie als Nörgler identifiziert, weil sie wiederholt Hotels schlecht bewertet haben. Wenn sie etwas einkaufen wollen und ihre Kreditwürdigkeit angezweifelt wird, weil sie auf Facebook mit Menschen befreundet sind, die als unzuverlässig klassifiziert wurden – das sind keine Scherze, an solchen Tools wird gearbeitet.

Aber der Kunde habe doch gar kein Problem damit, Informationen preiszugeben, wenn es ihm nutze, argumentieren die Unternehmen dann. Und natürlich klingt das erst einmal nach einem Geschenk, wenn zum Beispiel Krankenversicherungen jenen Kunden Rabatte bieten, die ihre Bewegungs- und Ernährungsdaten per App aufzeichnen und übermitteln. Oder wenn der Autofahrer seine Fahrdaten preisgibt, um an Ermäßigungen zu kommen. Ist ja alles freiwillig.

Unter dem Vorwand, Demokratie in die Welt zu tragen, bietet Facebook sogar der Bevölkerung in armen Ländern an, ihr unter *www.internet.org* das Netz zugänglich zu machen – allerdings nur den Facebook-Dienst. Netzneutralität war einmal. Mit ihrer Finanzkraft regeln die großen Konzerne den Zugang zu Information und Unterhaltung. Amazon-Chef Jeff Bezos kaufte für kleines Geld die *Washington Post* und hält sich damit ein bisschen Journalismus. Facebook bietet Medienhäusern an, ihre Inhalte in die Facebook-Timeline zu stellen, die aber natürlich weiterhin vom Facebook-Algorithmus gestaltet wird. Google beeinflusst durch die Suchergebnisse, was wichtig ist und was nicht. „Der, der die Fragen stellen kann, hat die Macht", sagt dazu Oxford-Professor Floridi, der Google berät.

In der Demokratie sollten allerdings vor allem die Repräsentanten der Bürger entscheiden, was erwünschtes Verhalten ist. Und zwar tatsächlich deren Repräsentanten, nicht jeder Einzelne. Denn kaum einer begreift die Tragweite seines persönlichen Handelns, wenn er oder sie mit ihren Daten allzu lässig umgeht. Es gibt Entscheidungen, die Bürgern dienen aber dennoch nicht von ihnen getroffen werden können, sondern nur von jemandem, der sich intensiv mit einer Materie beschäftigt. Zuweilen muss man Menschen vor sich selbst und ihrer Bequemlichkeit schützen.

Hinzu kommt, dass die Grenzen zwischen Staat und mächtigen Konzernen zuweilen verschwimmen. Wer sagt, dass Staaten nicht doch Zugriff auf Daten erzwingen, die in privater Hand liegen? Was umso leichter wird, je weniger Hände diese Daten halten. Außerdem lassen sich Staat und Privatwirtschaft nicht immer sauber auseinanderdividieren. Auch die amerikanische NSA rekrutiert ihr Personal im Silicon Valley, weil sie dort die kenntnisreichsten Nerds findet. Die Eliteuniversitäten eines jeden Landes sind Kaderschmieden für Staat und Privatwirtschaft. Wer heute in einem IT-Konzern arbeitet, heuert morgen vielleicht in der dazu passenden Behörde an.

Dabei ist noch nicht einmal berücksichtigt, was geschähe, würden die Internetkonzerne ihre Macht gezielt einsetzen, um Politik zu beeinflussen. Der amerikanische Psychologe Robert Epstein ist nach Durchsicht zahlreicher Experimente davon überzeugt, dass Google Wahlen im eigenen Interesse entscheiden kann, allein durch die Manipulation von Suchergebnissen oder einen entsprechenden Algorithmus, der bestimmte Kandidaten wie zufällig nach oben spült, ihre Namen damit populärer macht als andere. Ein Viertel der unentschlossenen Wähler ließe sich auf diese Weise beeinflussen, hätten Untersuchungen gezeigt.

Die technologische Asymmetrie zwischen den Unternehmen und der Politik wird sich nicht aufheben lassen. Die Wirtschaft entwickelt, die Politik läuft hinterher – in der digitalen Welt mit ihrer enormen Fortschrittsgeschwindigkeit hat sich der Abstand zwischen beiden noch einmal vergrößert. Auch die Wissenschaft verfügt nicht über die Ressourcen von Google, wenn es zum Beispiel darum geht, die Auswirkungen technologischer Entwicklungen auf Gesellschaft und Individuen zu erforschen und davon politische Empfehlungen abzuleiten.

Es ist deshalb wichtig, dass Konzerne wie Google auch in solche Forschung investieren. Zwar flammt in Deutschland immer wieder eine Diskussion über Parteilichkeit auf, wenn es zum Beispiel um das von Google finanzierte Humboldt Institut für Internet und Gesellschaft geht. Aber die Unternehmen müssen selbst das größte Interesse daran haben, dass Forschungsergebnisse dieser Einrichtungen unanfechtbar sind. Jeder Vorwurf der Manipulation kann ihnen auf anderen Schauplätzen schaden.

Wettbewerbshüter tun gut daran, mächtige Monopolisten in ihre Schranken zu weisen. Selbst wenn es nicht immer schnelle Erfolge gibt. Oder wenn die Erfolge unbeabsichtigte Wirkungen haben, wie zum Beispiel beim Recht auf Vergessenwerden, das der Europäische Gerichtshof 2014 Google verordnet hat. Das Konzept wurde vom österreichischen Rechts- und Politikwissenschaftler Viktor Mayer-Schönberger entwickelt, die Grundidee beinhaltet ein Verfallsdatum für digital verbreitete Informationen. Die praktischen Schwierigkeiten damit ergeben sich dann, wenn Menschen – gerne unter Einsatz von Anwälten – allzu heftig an der eigenen Biografie herumschrauben und dabei öffentlich relevante Informationen verloren gehen. Grundsätzlich ist der „digitale Radiergummi", wie er auch genannt wird, eine gute Idee, solange er nicht zum digitalen Schredder wird.

Die Staaten oder Staatengemeinschaften wie die EU müssen zeigen, dass sie die Vertreter der Bürger sind. Jetzt nehmen das gerne die Internetkonzerne für sich in Anspruch; sie verweisen auf ihre Kunden, die zwar nicht in der Wahlkabine, aber mit ihren Kreditkarten abstimmen. Es ist an der Zeit, ihnen öfter zu widersprechen.

6. Das Netz belohnt jene, die am lautesten sind. Demokratie lebt von Repräsentation und Gleichheit.

Eine wichtige Regel der Demokratie ist die gleiche Repräsentation. Jeder Bürger hat am Wahltag oder bei der Volksabstimmung eine Stimme, ob arm oder reich, klug oder dumm, politisch aktiv oder mit anderen Dingen des Lebens befasst. *One person, one vote* heißt der Grundsatz, wenngleich es historisch unterschiedliche Auffassungen dazu gab, was eine Person ist. Frauen waren damit lange Zeit nicht gemeint, in den USA sind es Strafgefangene in fast allen Bundesstaaten auch heute noch nicht.

Auf diese Weise wird verhindert, dass mächtige Interessengruppen Ergebnisse über Gebühr bestimmen. Mächtig, das müssen nicht unbedingt reiche Lobbys sein, es können auch extrem engagierte Aktivisten sein, die allein durch ihre Lautstärke suggerieren, dass eine Mehrheit hinter ihnen steht. Dass dem nicht immer so ist, hat zum Beispiel die Volksabstimmung zum lange umstrittenen Bahnprojekt Stuttgart 21 gezeigt. Und auch bei manch anderer Wahl stellt sich heraus, dass die stimmgewaltigsten Parteien nicht immer jene sind, die den Sieg für sich verbuchen können. Die am stärksten unterzeichnete E-Petition an den Deutschen Bundestag war eine, in der sich Bürgerinnen und Bürger gegen die von der damaligen Familienministerin Ursula von der Leyen angeregte Einschränkung von Kinderpornografie im Netz wandten. Die sogenannte Netzgemeinde schäumte. Aber das heißt noch lange nicht, dass das Vorhaben in diesem Maße umstritten gewesen wäre, hätte man alle Wahlberechtigten abstimmen lassen.

Das Netz privilegiert diejenigen, die am lautesten sind. Diejenigen, die die meisten Follower haben und am besten mobilisieren können, setzen sich durch. Aktivitäten im Netz sind keinesfalls repräsentativ. Es wird noch lange den digitalen Graben geben, also die Kluft zwischen denjenigen, die sich mühelos im Netz bewegen und den anderen, die nur dann und wann darin surfen, weil sie es sich nicht leisten können oder es nicht verstehen.

Zwar verbessert sich der Zugang verschiedenster Gruppen zu digitaler Technologie stetig. Schließlich werden Geräte und Netzgebrauch billiger, Staaten und Institutionen stellen Infrastruktur wie WLAN umsonst zur Verfügung und die Technologie ist immer einfacher zu handhaben. So schicken auch Grossmütter gerne Bilder über WhatsApp oder telefonieren über Skype, die Generation der *Digital Natives* wird irgendwann in der Mehrheit sein. Aber genügend Menschen – und daran ändert die beste digitale Agenda nichts – haben schlicht anderes zu tun, als sich in großem Umfang auf digitalem Wege zu äußern. Sie müssen Autos verkaufen, Anlagen bauen, Brötchen backen oder Kinder großziehen. Außerdem fehlt so manchem das Sendungsbewusstsein oder auch die Bildung, um das Netz für seine Zwecke zu benutzen. Nicht umsonst beherrschen Besserwisser die Debatten im Netz. Das sind sehr häufig jene weißen Männer, die auch anderswo die Welt gestalten. Repräsentativ ist das nicht. Ausreichend demokratisch kann es also auch nicht sein.

Es ließe sich dagegenhalten, dass auch offline bestimmte Gruppen das politische Leben dominieren. Über die erdrückende Präsenz von Beamten in deutschen Parlamenten ist oft lamentiert worden, über die Abwesenheit von Unternehmern und Managerinnen ebenso. Allerdings haben es die Volksparteien immer wieder geschafft, einen guten Querschnitt der Bevölkerung zu binden. Und am Wahltag gilt ohnehin das Gleichheitsprinzip.

Damit daran kein Zweifel besteht: Bürgerbeteiligung und Demokratie lassen sich durch das Netz auf jeden Fall stärken. Digitale Kanäle machen Beteiligung auch zu ungewöhnlichen Uhrzeiten möglich. Gerade Eltern oder stark beanspruchte Berufstätige haben oft Schwierigkeiten, sich für die üblichen Abendtermine von Parteien oder Bürgerinitiativen Zeit abzuknapsen.

Über das Netz wird Wissen leichter zugänglich. Es gibt viele gut aufbereitete, politische Informationen im Netz, auch interaktive Angebote, wie zum Beispiel Wahlomaten, also Ankreuztests, bei denen man seine eigenen Präferenzen eingibt und am Ende sehen kann, zu welcher Partei man tendiert. Man könnte sie noch verbessern. Zum Beispiel ließe sich der Trend zur Spielifizierung, der *Gamification* nutzen, um junge Leute für Politik zu begeistern und auf spielerischem Weg Lösungen für echte Probleme zu finden. Gemeinsam mit Mitspielern einen kommunalen Haushalt entwerfen oder das Dorf verschönern – was als Computersimulation funktioniert, klappt vielleicht auch in Wirklichkeit.

Die Motivation, sich politisch zu beteiligen, wächst womöglich über sanften Gruppendruck. Zum Beispiel hat ein Experiment von Professor James Fowler an der Universität in San Diego, gezeigt, dass die Wahlbeteiligung stieg, wenn Wähler über Facebook dazu aufgefordert wurden, ihre Stimme abzugeben, und dass sie noch mehr kletterte, wenn die Nutzer sahen, dass ihre Freunde zur Wahl gegangen waren. Die jüngere Generation wird man ohnehin nicht mehr anders erreichen als über digitale Kommunikationswege.

Um das Internet als vollwertigen Kanal zur politischen Beteiligung zu nutzen, müssen aber ein paar Bedingungen stimmen. Zunächst einmal muss das Netz bei Abstimmungen so sicher werden wie eine Wahlkabine. Doppel- und Dreifachstimmen, Manipulation von außen müssen ausgeschlossen werden. Estland wird allgemein als Vorreiter auf diesem Feld betrachtet, dort experimentiert man schon seit zehn Jahren mit elektronischen Wahlverfahren. Bei den Parlamentswahlen 2015 gaben 30,5 Prozent der Wähler ihre Stimme über das Internet ab. Dennoch haben Sicherheitsexperten Bedenken. Das Hacken von Wahlergebnissen sei immer noch möglich, kritisieren sie.

Die Erfahrung lehrt, dass Beteiligung über das Netz bei komplexen Problemen am besten dann funktioniert, wenn sie zeitlich begrenzt ist und die direkt Betroffenen einbezieht. Professor Martin Mauve, Sprecher eines großen, interdisziplinären Forschungsvorhabens an der Universität Düsseldorf zum Thema Onlinepartizipation, nennt als Erfolgsbeispiel die Entwicklung einer neuen Studienordnung über die Beteiligung im Netz. Dort hatten sich die Betroffenen sehr stark mit dem Vorhaben identifiziert und sich dementsprechend intensiv beteiligt. So ein Kraftakt muss jedoch auch ein Ende haben. Dauerhafte, intensive politische Arbeit wird etwas für eine Minderheit bleiben. *Liquid Democracy* als Mischform zwischen repräsentativer und direkter Demokratie klingt zwar nach einem schlüssigen Konzept: In diesem Fall können Bürger bei Themen, die ihnen wichtig sind, selbst abstimmen und ihren Abgeordneten damit punktuell entmachten. Aber der Niedergang der Piratenpartei, die damit angetreten war, zeigt, dass diese Form der Beteiligung womöglich noch nicht mehrheitsfähig ist.

7. Im Netz zählt schon der schnelle, womöglich anonyme Klick als Engagement. Demokratie braucht Arbeit, Zeit und Verantwortung.

Es ist eine Illusion zu glauben, dass die Möglichkeiten des Internets automatisch die politische Beteiligung anregen. Es gibt sogar Studien, die zeigen, dass das politische Engagement sinkt, weil man sich über das Netz so wunderbar ablenken lassen kann. Robert Gold vom Institut für Weltwirtschaft hat gemeinsam mit Stephan Heblich von der Universität Bristol nachgewiesen, dass ein Teil der rückläufigen Wahlbeteiligung seit 1995 auf die Einführung von Breitbandinternet zurückzuführen ist. Entertainment – wozu durchaus der Chat mit Freunden gehört – Pornokonsum und Shopping sind die beherrschenden Aktivitäten im Netz, Politik spielt eine Nebenrolle. In autoritären Staaten setzen Regierungen das Netz gezielt dafür ein, die Bevölkerung mit anderen Dingen beschäftigt zu halten, Propaganda kann äußerst subtil sein. Dort, wo das Brot gesichert ist, kommen ordentlich Spiele dazu, damit niemand auf unbequeme Gedanken kommt.

Politik ist unbequem, nicht nur in repressiven Staaten. Demokratie macht viel Arbeit. Deshalb wählen die Wahlberechtigten ihre Vertreter, die sich hauptberuflich für sie einsetzen oder die das zum Beispiel auf lokaler Ebene zuweilen mit großem Zeitaufwand nebenberuflich tun. Politische Entscheidungen sind oft komplex, man denke an die Haushaltspolitik, eine gute Infrastrukturplanung, die Eurokrise oder so elementare Entscheidungen wie jene über Kriegseinsätze. Da werden Menschen gebraucht, die bereit sind, sich mit Unterstützung von Fachleuten aus Behörden und Wissenschaft in die Materie einzuarbeiten.

Volksvertreter übernehmen zudem die Verantwortung für ihre Entscheidungen. Sie stehen mit ihrem Namen für ihr Votum gerade oder zumindest unter dem Namen ihrer Partei, die wiedergewählt werden möchte. Der Gefällt-mir-Klick unter der Petition oder einer politischen Kampagne, reicht für eine Demokratie nicht aus. Zumal man niemanden zur Rechenschaft ziehen kann, der – womöglich sogar anonym – über eine wichtige politische Frage abgestimmt hat. Die Politikwissenschaftlerinnen Prof. Marianne Kneuer und Saskia Richter haben in ihrem Buch „Soziale Medien in Protestbewegungen" anhand der *Occupy*-Bewegung nachgewiesen, dass die Kanäle des Netzes sich gut dazu eignen, Menschen zu mobilisieren und Emotionen zu schüren. Dies mündet aber selten darin, dass Aktivisten sich intensiver mit einem Thema beschäftigen oder sich gar global vernetzen. Das Netz begünstigt *Clicktivism*, auch, weil es ein schnelles Medium ist.

Simplifizierung, ein bereits beschriebener Trend des digitalen Zeitalters, steht dem demokratischen Prozess schon vom Charakter her entgegen. Demokratie braucht Zeit. Themen müssen durchdrungen, Kompromisse gefunden werden, die theoretisch optimale Lösung ist nicht immer die politisch beste, weil sie möglicherweise wichtige Interessen und Bedürfnisse ignoriert. Das Silicon Valley ist vom Ingenieursgeist durchdrungen; Ingenieure glauben an die Kraft technologischer Lösungen. Wer die Demokratie kennt, weiß, dass manchmal die politische Lösung die stärkere ist. Schwierige Entscheidungen lassen sich nur über aufwändige Prozesse treffen. Einen Konsens oder Kompromiss erreicht man durch zähes Verhandeln, das Abwägen von Argumenten, nicht durch ein paar Klicks.

8. Im Netz gibt es eine Explosion der Information. Jeder kann alles finden, aber auch alles ignorieren. Demokratie braucht einen gemeinsamen Informationsraum – und wahre Informationen.

Im Netz findet jeder Gleichgesinnte. Der Technikfreak, der Weltreisende, der Baumschützer, der Rechtsradikale. Jeder kann alles äußern und relativ ungehindert verbreiten: politische Programme ebenso wie Strickanleitungen, *Crowdfun-*

ding-Aufrufe für gute Zwecke ebenso wie Foltervideos. Man kann sich spezialisieren, das ausblenden, was einen nicht interessiert. Das muss man noch nicht einmal selbst machen. Die Algorithmen der Internetkonzerne helfen dabei, Freunde, Veranstaltungen, Produkte nach den eigenen Präferenzen zu sortieren. Das, was unpassend und unbequem sein könnte, wird umso stärker ausgeblendet, je genauer die Software die Präferenzen des Nutzers kennt.

Wer im Netz öfter nach Zelten sucht, wird auch noch Schlafsäcke angeboten bekommen und eine Wanderreise gleich dazu, vermutlich eher selten eine Mittelmeer-Kreuzfahrt. Facebook zeigt einem bevorzugt Freunde, deren *Posts* man öfter liest oder die besonders beliebt sind. Wer bei Google bestimmte Schlüsselwörter verwendet, dem werden entsprechende Anzeigen zugeordnet. Das passiert subtil, und manchmal ist es sinnvoll. Wenn man sich für London-Flüge interessiert, kann es schließlich durchaus sein, dass man die Eintrittskarten für die Tate Gallery gleich mitbestellen will. Wenn man gerne Essays kapitalismuskritischer Philosophen liest, mag man vielleicht auch Bücher linker Politiker kaufen. Es entsteht ein Echoeffekt und um das Echo herum bildet sich eine Blase, die „Filter Bubble", wie es Eli Pariser 2012 in seinem gleichnamigen Buch nannte.

Demokratie braucht aber Kontroversen. Eine Meinung bildet man sich, wenn man unterschiedliche Standpunkte kennt und darüber diskutieren, sie verwerfen oder sich zu eigen machen kann. Demokratie lebt von Kompromissen, vom Akzeptieren der Vielfalt, der Freiheit der Anderen. Was aber, wenn man sich dem Fremden, dem Anderen gar nicht mehr aussetzen muss? Wenn man sich in seinen persönlichen Vorurteilen oder radikalen Ansichten immer stärker bestätigt fühlt, weil viele andere ja auch so denken? Nach einer 2015 im US-Wissenschaftsmagazin *Science* veröffentlichten Studie mit mehr als zehn Millionen Facebooknutzern ist der Filtereffekt durch Algorithmen zumindest bei diesem sozialen Netzwerk nicht so stark, wie dies oft vermutet wird. Allerdings bietet das Internet unendlich viele Möglichkeiten, sich seine Filter selbst zu bauen. Was früher als allgemeines Wissen galt, der Nachrichtenstand der Tagesschau, die Tageszeitung oder die Radionachrichten vom Morgen, ist durch eine Vielzahl von Informationskanälen abgelöst worden, unter denen man frei wählen kann.

Und dann ist da noch die Sache mit der Wahrheit. Algorithmen überprüfen nichts auf seinen Wahrheitsgehalt. *Gatekeeper,* also die Wächter über Informationen, gibt es in der freien Netzwelt nicht, anders als in den traditionellen Medien, wo die Zwei-Quellen-Regel und das Vier-Augen-Prinzip gelten, wo darüber diskutiert wird, welche Bilder Lesern oder Zuschauern zuzumuten sind und welche man weglassen sollte. Und was man überhaupt weglassen sollte, damit es niemand verwirrt und überfordert. Soziale Netzwerke wie Twitter sind vor allem schnell und gut geeignet für Informationen, die sich per Augenschein überprüfen lassen. Gerüchte, falsche Fakten, Interpretationen finden darüber allerdings genauso schnell einen Weg in die Welt. Die Suche nach der Wahrheit macht manchmal viel Mühe, und sie braucht Zeit.

Diesem Trend lässt sich nur mit guter Bildung entgegensteuern, indem man in Schulen und Universitäten die Skepsis gegenüber Quellen lehrt. Und selbst da könnte eine Art Filterblase entstehen, wenn sich das Interesse der Studenten durch Onlinekurse immer stärker auf ein paar Starprofessoren im

Netz konzentriert, ein weiteres Beispiel für den Blockbuster-Effekt.

Gegen Informationsüberfluss, Täuschung und Lüge lässt sich aber auch durch Qualitätsmedien ansteuern, die Menschen mit den Fakten einerseits und der Vielzahl der Standpunkte andererseits in Berührung bringen. Ohne eine vielfältige Medienlandschaft mit hohen Standards ist eine starke Demokratie undenkbar.

9. Das Netz kann territoriale Grenzen überwinden, aber Demokratie ist territorial begründet.

Eines der besonderen Versprechen des Netzes war jenes der Grenzenlosigkeit. Menschen aller Nationen sollten miteinander frei kommunizieren und Ideen austauschen können, ungeachtet der Nationalität, der Hautfarbe, der Herkunft. Die Globalisierung, die gerade in den Industrieländern für viele so bedrohlich daherkommt, sollte neue Strahlkraft bekommen. Ganz nebenbei sollten sich demokratische und aufklärerische Ideen in der Welt verbreiten wie einst Coca Cola, Jeans und Rockmusik. Dieses freie, fast subversive Netz gibt es längst nicht mehr.

Diktatoren und Autokraten nutzen die digitalen Möglichkeiten ebenso versiert und schamlos wie jene, die damit Freiheit in die Welt tragen wollen – was sie, Beispiel USA, nicht nur aus Überzeugung sondern auch aus Machtinteresse tun. Der Internetkritiker Evgeny Morozov hat darauf in seinem Buch „The Net Delusion – how not to liberate the world" schon vor Jahren hingewiesen, lange bevor Edward Snowden die Machenschaften der amerikanischen NSA aufdeckte.

Die Organisation Reporter ohne Grenzen listet jedes Jahr am 12. März, dem Welttag gegen Internetzensur jene Länder auf, die besonders rigoros gegen Inhalte im Netz vorgehen, also Websites sperren und kritische Blogger und Journalisten verfolgen und inhaftieren. Tatsächlich finden sich auf dieser Liste nicht nur Staaten wie Russland, China und Syrien wieder, von denen man es nicht anders erwartet hätte. Auch Frankreich wurde schon kritisiert, weil es missliebige Inhalte nicht im Netz sehen will. Das Land hat sich im Streit um das Recht auf Vergessenwerden mit Google angelegt.

Die Internetkonzerne können sich natürlich gegen Zensur stark machen, aber praktisch müssen sie sich nationalem Recht unterordnen. Wollen sie in einem Land weiterhin präsent sein, folgen sie den Ansagen von Regierungen und entfernen Inhalte aus nationalen Netzen. Wenn man so will, beugen sie sich auf diese Weise auch den Diktatoren. Muss man das verdammen? Das kann nur tun, wer sich Konzerne wünscht, die über Staaten herrschen. Demokratie muss anders aussehen.

All das ist bedrückend. In der Idealvorstellung sollte das Internet den Kampf um Menschenrechte erleichtern. In der Realität hilft es Despoten und machthungrigen oder vielleicht auch nur ungeschickten Behörden in Demokratien dabei, diese Rechte zu missachten und zu verletzen. Statt grenzenloser Freiheit ermöglicht es grenzenlose Überwachung und Kontrolle.

Die für Demokraten bittere Wahrheit ist jedoch: Demokratie beruht auf Territorien, sie muss national für ein Gemeinwesen erkämpft und gepflegt werden, zum Teil sogar lokal. Man kann sie nur mit Mühe verordnen, so wie es den Alliierten damals in Westdeutschland gelungen ist, und sie kommt niemals von allein. Schon gar nicht so, wie eine intravenöse Infusion über das für jeden nutzbare Netz.

Demokratie ist kein Selbstläufer, kein Grundbedürfnis aller Menschen, das glauben noch nicht einmal alle Amerikaner. Denn Demokratie vernichtet Privilegien und zähmt die, die von Geburt oder durch Reichtum mächtig sind, die sich das aber nicht immer gefallen lassen. Demokratie muss verteidigt werden, auch gegen äußere und innere Interessen. Wie steinig der Weg dorthin ist, sieht man in jungen Demokratien wie Tunesien, wo um das neue politische System nach Kräften gerungen wird.

Jede Demokratie muss für sich entscheiden dürfen, welche Standards innerhalb ihrer Grenzen gelten sollen. Das gilt auch für Deutschland. Sollen Pornografie oder Naziutensilien im Netz unbegrenzt verfügbar sein, darf man Schusswaffen online ordern? Jedes Land hat dazu seine eigenen Gesetze. So gibt es Hitlers „Mein Kampf" aus guten Gründen hierzulande nicht zu kaufen, in anderen Ländern ist es nichts weiter als ein historisches Dokument. Dafür legt man im prüderen Amerika strengere Standards an Nacktbilder an als in Deutschland mit seiner FKK-Tradition. Regeln zum Datenschutz sind aus der Geschichte heraus in Deutschland gut begründet. In Amerika, wo nur wenige Menschen Datenmissbrauch am eigenen Leibe gespürt haben, geht man mit vielen persönlichen Informationen viel lockerer um.

Grenzen haben ihre Berechtigung, sie ziehen die Linien um den demokratischen Raum und schützen die Interessen ihrer Bürger. Bei den Debatten um Europa zeigt sich, wie schwer es ist, in Fragen zum Beispiel der Finanzpolitik über Grenzen hinweg Einigkeit zu finden – selbst in einer Staatengemeinschaft, in der alle ähnliche Werte haben.

Eine grenzenlose Welt, wie sie den Internetenthusiasten der ersten Stunde vorschwebte, ist tatsächlich nicht so erstrebenswert, wie es klingt. Und vermutlich hat so manch ein Protagonist des Internets damit auch eher eine grenzenlose Welt nach amerikanischen Spielregeln gemeint – Regeln, die so schlecht nicht sind, die aber auf einem anderen Demokratieverständnis gründen, als es zum Beispiel in Deutschland gepflegt wird. Im Übrigen gibt es auch in Amerika einen starken Staat, der sich bekanntlich als Bollwerk gegen Angriffe von außen in Stellung bringt, siehe NSA. Vollkommen frei sein, das heißt immer auch: vollkommen schutzlos sein.

10. Das Netz fördert Transparenz, Demokratie braucht Diplomatie und das Geheimnis.

Mehr Transparenz – das ist eine Forderung, die Demokratien lange geprägt hat. In den USA gibt es deswegen den *Freedom of Information Act,* der besagt, dass man alle Regierungsdokumente einsehen kann, was Recherche dort zuweilen vereinfacht. Es ging darum, gegen die Hinterzimmerwirtschaft mächtiger Interessengruppen anzugehen, den Staat also in die Verantwortung zu nehmen. Denn eigentlich sollte der Staat die

Interessen seiner Bürger repräsentieren. Transparenz ist auch eine zentrale Forderung der Piratenpartei gewesen, als sie ihre kurzen, heftigen Erfolge in deutschen Parlamenten feierte.

Im Netz ist Transparenz vor allem ein Geschäftsmodell. Mit der Begründung, nur auf diese Weise Kunden bestmöglich bedienen zu können, werden Vorlieben gespeichert, Routinen dokumentiert, Interessengebiete verlinkt. Alles dient dazu, Produkte besser zu verkaufen. Manchmal aber geht Transparenz zu weit, auch in der Demokratie. Totale Transparenz kann Hetze und Intoleranz fördern, Menschen in ihren individuellen Rechten beschneiden. Selbst in den vertrauensvollsten menschlichen Beziehungen, in Freundschaften oder in der Ehe, behält man das eine oder andere besser für sich, um die einem Nahestehenden nicht zu verletzen oder unnötig aufzuwühlen. Man kann das auch Taktgefühl oder Rücksichtnahme nennen; keine Gemeinschaft funktioniert ohne sie.

Die Menschenrechte beinhalten, dass die Würde des Menschen unantastbar ist – dieses Recht kollidiert mit einem umfassenden Transparenzgebot. Denn werden sämtliche Schwächen und Fehler offengelegt, kann dies die Würde des Menschen angreifen. Dafür gibt es zum Beispiel nichtöffentliche Verhandlungen vor Gericht, wenn Interessen von Angeklagten und deren Opfern besonders schützenswert sind.

Allzu viel Transparenz kann politische Eklats zur Folge haben, die im Sinne übergeordneter Interessen besser vermieden werden sollten. Das ist noch nicht so schlimm, wenn eine amerikanische EU-Beauftragte, wie 2014 Victoria Nuland, in einem Telefongespräch „Fuck the EU" sagt. Aber wie würde Wladimir Putin reagieren, wäre ein herzhaftes, von Angela Merkel geäußertes „Fuck Putin" bekannt geworden?

Totale Transparenz bedeutet auch totale Überwachung – und damit verbunden Selbstzensur. Mit vollkommener Transparenz schaltet man Meinungsfreiheit aus. Denn jeder würde sich nur noch so benehmen, als würde er im Orwellschen Sinne rund um die Uhr überwacht. Was die totale Transparenz mit Menschen machen kann, hat in jüngerer Zeit kaum einer so treffend beschrieben wie Dave Eggers in seinem Roman „The Circle", der die potenzielle Macht von Google auf bedrückende Weise karikiert. In dieser zunächst paradiesisch anmutenden Firma macht sich jeder verdächtig, der nicht teilen und öffentlich gute Taten unterstützen möchte. Das Geheimnis aber gehört untrennbar zu den Menschenrechten und damit zu einer freiheitlichen Gesellschaft und Demokratie.

Besonders subtil wirken freiwillige Vereinbarungen zur Transparenz, wenn zum Beispiel eine Krankenversicherung denjenigen Versicherten einen Bonus gewährt, die besonders viele Bewegungs- und Verhaltensdaten zur Verfügung stellen. Das mag nach vernünftiger Politik klingen. Aber irgendwann fallen all jene seltsam auf, die ihre Daten für sich behalten wollen. Schon heute wird es in den USA zuweilen als sozial auffälliges Verhalten gewertet, wenn jemand sein Leben nicht auf Facebook zur Schau stellt.

Das Recht, seine Meinung zu ändern, das Recht auf eine zweite Chance, auf einen Neuanfang gehören zu den Schutzrechten der Bürger in Demokratien. Im Christentum gibt es dafür die Vergebung der Sünden. Im Netz wird schon lange über ein Recht auf Vergessen diskutiert. Das muss nichts mit Verdrängen zu tun haben; viele schreckliche Momente der Geschichte müssen dokumentiert bleiben, um Menschen daran zu erinnern, was nicht wieder geschehen darf. Juristisch muss jeder Schuldige zur Verantwortung gezogen werden. Aber Menschen sollten auch ein Recht darauf haben, mit einer Vergangenheit abschließen und sich weiterentwickeln zu dürfen. Sonst landet man schnell beim Prinzip der Blutrache, die Familien und Völker über Generationen belasten kann.

Natürlich ist ein ordentliches Maß an Transparenz erstrebenswert. Sie erhöht den sozialen Druck und wirkt gegen Korruption und gesellschaftlich schädliches Fehlverhalten. Viele Institutionen könnten gewaltig zulegen mit der Offenlegung ihrer Strukturen, Geldflüsse und Strategien. Die Affäre um die Blogger von Netzpolitik.org im Sommer 2015 offenbarte auf erschreckende Weise, wie falsch verstandene Geheimniskrämerei und das Bedürfnis nach Transparenz aufeinanderprallen können. Noch besser wäre es, Großakteure aus Staat und Wirtschaft verhielten sich von vornherein so, dass *Whistleblower* wie Edward Snowden oder Julian Assange nicht so viel zum Aufdecken finden könnten.

Manche politisch oder gesellschaftlich erwünschten Ziele erreicht man trotzdem nur, wenn Daten und Informationen tabu sind. Im Großen ist dies die Welt der Diplomatie, die natürlich etwas mit Hinterzimmern zu tun hat, mit dem Recht auf geheime Kommunikation. Im Kleinen betrifft es Individuen. Wenn zum Beispiel bei Bewerbungen weder Alter noch Geschlecht angegeben werden dürfen, ergibt sich unter Umständen ein viel interessanterer Kandidatenpool als beim Standardverfahren. Die Offenlegung von Gehältern, mit der es angeblich gerechter zugehen soll, zieht häufig Missgunst und Streit nach sich, nicht immer erfüllt sie den Zweck. Transparenz ist dann gut, wenn sie eine wichtige Funktion hat. Sie darf niemals zum Selbstzweck werden.

FAZIT: REGELN SICHERN FREIHEIT

E s gibt daran keinen Zweifel: Die digitale Welt bietet Chancen für die Demokratie. Aber eine Demokratisierungsmaschine ist das Internet nicht. Im Gegenteil, wie in den vorangegangenen Kapiteln deutlich geworden sein sollte. Die Herausforderung der kommenden Jahre wird es sein, die digitale Welt fit für die Demokratie zu machen – und die Demokratie fit für die digitale Welt. Dazu ist es wichtig, beides zu verstehen: die Mechanismen, nach denen die digitale Welt funktioniert und die Grundbedingungen der Demokratie.

Genau dort liegt aber ein Problem: Die Protagonisten der Internetwirtschaft, vom Netzkonzern bis zum jungen Nerd, kennen sich zwar ausgezeichnet in den technologischen Tiefen des digitalen Lebens aus, aber sie verstehen häufig wenig von Demokratie. „Demokratie ist, wenn ich Recht bekomme", so die gängige Einstellung, die man beim E-Kampagnen-Organisator und der Bürgerinitiative genauso antrifft wie in den Chefetagen von Konzernen.

Die politischen, staatlichen und gesellschaftlichen Akteure hingegen haben die Prinzipien von Repräsentation, Rechtsstaat und Exekutive verstanden, können aber mit den Entwicklungen der Netzwelt oft nicht Schritt halten oder durchschauen sie nicht. Während im Silicon Valley eine technologische Logik dominiert, herrscht auf der anderen Seite eine politische.

Gebraucht wird eine wirkungsvolle Netzpolitik, und die muss von denjenigen mitentwickelt werden, die von der Sache etwas verstehen. Dazu gehört mehr als nur eine „digitale Agenda", die sich darin erschöpft, möglichst viele Menschen mit kostenlosem WLAN zu versorgen oder an schnelle Internetverbindungen anzuschließen. Der Gedanke an die Mechanismen des Netzes muss alles durchdringen: angefangen von der Bildungspolitik über Auflagen für Internetfirmen, was den Datenschutz angeht, bis hin zu strafrechtlichen Reformen, was den Missbrauch mithilfe des Netzes angeht.

Es gibt eine Parallele dazu, die Entwicklung der Umweltpolitik: Bevor es Umweltpolitik gab, galten Luft, Wasser, Boden als freie Güter, die man sich nehmen und die man unbeschränkt nutzen konnte. Die Gewinne daraus wurden privatisiert, die Verluste sozialisiert. Erst die erstarkende Umweltbewegung machte Politik und Wirtschaft klar, dass Gift, Dreck, Bodenversiegelung und klimaschädliche Gase die Grundlagen der menschlichen Existenz gefährden. Hätte man alles so laufen lassen, stände es um unseren Planeten viel schlechter. Aber das hat man nicht. Heute gibt es einen ganzen Werkzeugkasten an umweltpolitischen Instrumenten: Das beginnt mit technologischen Lösungen an Maschinen, Motoren und Schornsteinen, geht über Umweltbildung, Auflagen für die industrielle Produktion und Landwirtschaft bis hin zum Umweltrecht und wirtschaftlichen Anreizen, die bewirken sollen umweltschädliches Verhalten zu ändern.

Natürlich schränkte auch die Umweltpolitik auf den ersten Blick Freiheiten ein, aber sie öffnete auch neue Möglichkeiten. Heute kann man in Flüssen und Seen wieder schwimmen, die einst zu verdreckt dazu waren, Radfahrer und Fußgänger werden vielerorts vor Gefahren geschützt, Giftstoffe wurden aus vielen Produkten verbannt, das Rauchen eingeschränkt. Weniger Freiheit für die einen bedeutete mehr Freiheiten für die anderen.

Ähnlich wird sich das auch mit der Regulierung der digitalen Welt entwickeln. Natürlich werden sich Unternehmen gegen Auflagen wehren, es wird Diskussionen darüber geben, was akzeptables Verhalten im Netz ist und was geahndet werden sollte. Womöglich wird sich manch eine Software, die Bürger schützen soll, als untauglich erweisen. Aber Versuch und Irrtum gehören zur Politik, insbesondere zur Demokratie.

Niemand regt sich darüber auf, dass es im Straßenverkehr Ampeln und eine Rechts-vor-links-Regel gibt. Denn im Straßenverkehr ist fast jeder irgendwann Fußgänger, Autofahrer, Radfahrer, jeder kommt mal von rechts, mal von links. Damit das Netz die Demokratie stärkt, braucht es Regeln, und Regeln schränken Freiheit ein. Aber Demokratie bedeutet immer, dass Freiheit eingeschränkt ist, für die Mächtigen und für die Schwachen gleichermaßen. Die unbegrenzte Freiheit der Starken ist Diktatur. Die unbegrenzte Freiheit der Schwachen ist Anarchie.

ALEXANDRA BORCHARDT

*Jahrgang 1966, ist Chefin vom Dienst bei der Süddeutschen
Zeitung. Dort hat sie seit 2005 in verschiedenen leitenden Funk-
tionen gearbeitet, unter anderem im Politik- und Wirtschafts-
ressort. Zuvor war sie bei der Financial Times Deutschland und
der Deutschen Presse-Agentur tätig. Ihre Schwerpunktthemen
als Autorin und Referentin sind Demokratie und die digitale
Welt, die Zukunft der Arbeit, Führungskultur, Wirtschaft und
Wachstum, sowie Frauen und Karriere.*
*Alexandra Borchardt hält einen Ph. D. in Political Science von
der Tulane University, New Orleans.*
Mail: Alexandra.Borchardt@sueddeutsche.de
Twitter: @AlexaBorchardt

Die besten Seiten der **Streitkultur**

Wir sind viele
ISBN: 978-3-86615-999-0
48 Seiten | 4,90 €

Lang lebe der Euro!
ISBN: 978-3-86497-080-1
72 Seiten | 4,90 €

Der Zorn gegen den Finanzkapitalismus, der die Menschen gepackt hat, ist mehr als Wut. Zornige Menschen wollen nicht akzeptieren, dass es angeblich keine Alternative gibt. Sie stellen zornige Fragen – und damit beginnt Veränderung.

Der Euro ist unser Schicksal – die Zukunft der gemeinsamen Währung entscheidet über Wohlstand und Sicherheit in Deutschland, in Europa. Es geht um den Kern des Systems, wirtschaftlich, politisch und emotional. Dafür lohnt es sich zu kämpfen.

Eine Frage der Gerechtigkeit
ISBN: 978-3-86497-177-8
64 Seiten | 4,90 €

Diese Wirtschaft tötet
ISBN: 978-3-86497-208-9
48 Seiten | 4,90 €

Die gegenwärtige Steuerpolitik belastet Durchschnittsverdiener am meisten. Große Konzerne und Vermögende dagegen drücken sich gerne mal vor ihren Pflichten. Plädoyer für ein faires Steuersystem – unideologisch, pragmatisch und gerecht.

Diese Wirtschaft tötet, sagt Papst Franziskus und nicht etwa Karl Marx. Sie tötet, weil sie den Profit über den Menschen stellt. Längst ist sie zu einer Art Religion geworden. Aber sie ist nicht heilig und eine Wirtschaft, die dem Leben dient, ist möglich.

Rettet die Kindheit
ISBN: 978-3-86497-294-2
40 Seiten | 4,90 €

Die Irrtümer des Kremls
ISBN: 978-3-86497-300-0
64 Seiten | 4,90 €

Nichts gegen die Kindheit, aber muss sie so lange dauern? In der Leistungsgesellschaft wird das Kind zum Objekt, überfrachtet mit den Anforderungen und Wünschen der Eltern und der Politik. Aber eine Kita ist kein Assessment Center und die Schule kein Trainingsgelände für spätere Eliten. Lasst die Kinder in Ruhe!

Bedeutet der Anschluss der Krim an Russland die Wiederherstellung der historischen Gerechtigkeit? Kämpfen im Donbass Russen für die Befreiung von ukrainischer Repression? Hat die Nato den Konflikt geschürt? Thomas Urban sieht besonders die Deutschen in der Pflicht, zu einer Lösung des Konfliktes beizutragen.